Finger food

{Collection}

Thomas Clouet

Photographies : Bob Norris
Stylisme : Anouk Grumbach

hachette
PRATIQUE

- Biographie -

Et si la cuisine devenait une fête ? Après la Fête de la Musique, il est grand temps que la cuisine ait aussi sa fête. Un événement national, citoyen, d'échange et de partage... Si cette initiative vous séduit, rejoignez-nous sur le site www.lafetedelacuisine.fr et soutenez ce projet afin de faire bouger les choses. Passionnés de cuisine, simples amateurs ou gourmands, unissez-vous !

Thomas Clouet

Du même auteur :

Remerciements

Écrire un livre peut sembler être un exercice solitaire mais écrire un livre de cuisine est un véritable travail d'équipe. Je souhaite remercier ici tous ces amis, ces proches qui ont été les testeurs de mes recettes lors d'apéritifs dînatoires souvent mémorables. Ils ont goûté, critiqué, validé ce livre, il est donc un peu le leur. Merci Denis, Anne, Benoit, Dan, Florane, Pauline, Dominique, Hugo, Réginald, Kattia, Mareille, Pascal, Sandrine, Xavier, Marie, Mélodie, Bruce, Catherine, Cyril, Alexia, Guillaume...

Un livre, c'est aussi une petite usine. Je m'occupe des recettes mais, si vous avez cet objet entre les mains, c'est également grâce à toute une équipe. Merci Pierre-Jean, Anne, Johanna, Mathilde, le photographe, la styliste... en un mot Hachette au sens large.

Écrire un livre, c'est enfin une aventure familiale. Ils sont en effet mes premiers supporters et leur soutien est un apport important et une source de confiance inestimable. Merci Anne, Michel, Patsy, Anne-Marie, Jacques. Un dernier merci à Nathalie et à Marin pour tellement de raisons que ce livre deviendrait un inventaire à la Prévert. Juste trois mots : je vous aime.

P.S. : Retrouvez mon univers sur mon site Internet www.lespetitsroules.fr. N'hésitez pas à m'y laisser des messages, j'adore ça !!!

- Sommaire -

Les classiques revisités

Les petits plats dans les grands

- *Introduction* -

La *finger food*, la *street food* ou, pour être plus français dans le texte, la bouchée, sont les tendances fortes de la cuisine actuelle. Si cette nouvelle manière de manger est ancrée culturellement dans de nombreux pays (citons les *antipasti* en l'Italie, les *tapas* en Espagne, les mezzés au Liban et en Grèce...), ce n'est absolument pas le cas en France où entrée, plat et dessert sont les fondements de nos repas.

Cependant, ce qui n'est pas culturel en France s'impose aujourd'hui sociologiquement. Ainsi, toutes les personnes de moins de 40 ans sont nées avec une « zappette » entre les mains et font partie de la génération des hyper-consommateurs. Le résultat de tout cela est que les dîners entre amis deviennent de plus en plus fréquemment des apéritifs dînatoires où l'on se retrouve autour d'une table basse de salon pour consommer de multiples petites pièces et jongler ainsi avec les goûts.

Un champ s'ouvre pour inventer des « tapas à la française » et faire que ce qui s'impose sociologiquement aujourd'hui devienne culturel demain. La France a un patrimoine culinaire mondialement reconnu et un nombre certain de produits typiques. Ces bases m'ont servi à la définition et à la création de ces amuse-bouches. Le saucisson, les rillettes, le boudin, le camembert, le pain, les moules, les huîtres, les cuisses de grenouilles, les escargots, la choucroute, le foie gras, la ratatouille, le steak tartare, la truffe, la rouille, la tapenade... tout y passe ! Voilà pour le fond.

En ce qui concerne la forme, il est essentiel d'intégrer que l'activité culinaire connaît elle-même une évolution qui ressemble fort à une révolution. Elle sort du domaine du sacré pour entrer dans l'ère du loisir récréatif. Ces deux mots sont un peu redondants mais indiquent bien la volonté de s'amuser tout en apprenant. La perte de la transmission du savoir entre générations engendre une soif d'apprendre mais également de nombreuses peurs.

Je m'efforcerai donc de vous proposer dans ce livre des recettes simples, rapides pour la plupart et pour lesquelles un soin tout particulier sera apporté à la présentation.

J'essaierai pour chaque recette de vous raconter une petite histoire.

Enfin, tout comme vous, je fais mes courses aussi bien au marché qu'au supermarché alors ne vous étonnez pas de trouver quelques produits industriels. Tout cela peut sembler être une gageure et pourtant, c'est possible, faites-moi et faites-vous confiance !

En un mot, vous vous amuserez et apprendrez avec ce livre, vous épaterez vos amis et vos proches tout en participant à l'évolution de la gastronomie puisque vous serez les premiers diffuseurs de ces tapas à la française. Vous n'êtes plus des cuisiniers, vous faites l'histoire de la cuisine française !

Gougères façon chouquettes

Pour **30 pièces** | Préparation **15 minutes**
Cuisson **20 à 25 minutes** | Niveau **facile**

80 g de beurre | 25 cl d'eau | 125 g de farine | 4 œufs entiers + 1 jaune
125 g de comté râpé | 6 fines tranches de poitrine fumée | Sel, poivre

Dans une casserole de taille moyenne, mettez le beurre, l'eau et un peu de sel. Portez à ébullition. Hors du feu, versez en une fois la farine et mélangez énergiquement.

Desséchez la pâte sur feu doux pendant 3 min. Hors du feu, incorporez les œufs entiers un à un et mélangez jusqu'à ce que la pâte soit totalement homogène. Ajoutez le fromage râpé, poivrez à votre goût et mélangez une dernière fois.

Préchauffez le four à 200 °C (th. 6-7). Sur du papier sulfurisé, faites des petits tas de la taille d'une chouquette à l'aide d'une cuillère à soupe. Dorez avec le jaune d'œuf mélangé à un peu d'eau. Coupez la poitrine fumée en fines lanières et disposez-en quelques unes sur chaque chouquette. Enfournez et laissez cuire 20 à 25 min.

À savoir | Avec cette recette, je rends hommage à l'une des spécialités de la Bourgogne. Je revisite la gougère en lui donnant la taille et la forme d'une chouquette.

Conseil | Pour former vos chouquettes, vous pouvez utiliser une poche à douille mais un simple sac congélation fera également l'affaire.

Variantes | Vous pouvez remplacer l'eau par du lait. Le type de fromage peut lui aussi être changé. Enfin, la chouquette étant creuse, vous pouvez la farcir.

Petits roulés saucisson-beurre-noix

Pour **40 pièces**
Préparation **20 minutes**
Niveau **très facile**

10 tranches de pain de mie sans croûte
80 g de beurre, à température ambiante
1 sachet de mini-saucissons Bâton de Berger | 70 g de cerneaux de noix

Aplatissez 1 tranche de pain à l'aide d'un rouleau à pâtisserie. Étalez sur la mie une fine couche de beurre. Positionnez le saucisson en haut du pain et roulez. Ôtez les extrémités et coupez en quatre.

Mixez les cerneaux de noix. Enduisez le pourtour de vos bouchées de beurre et roulez-les dans les miettes de noix.

Répétez l'opération avec les autres tranches.

Petits roulés comté-beurre-cumin

Pour **40 pièces**
Préparation **20 minutes**
Niveau **très facile**

10 tranches de pain de mie sans croûte
60 g de beurre, à température ambiante
250 g de comté | Cumin en poudre

Aplatissez 1 tranche de pain à l'aide d'un rouleau à pâtisserie. Étalez sur la mie une fine couche de beurre. Coupez 10 bâtonnets de fromage de 5 à 7 mm d'épaisseur et de 12 cm de long. Positionnez 1 bâtonnet en haut du pain et roulez. Ôtez les extrémités et coupez en quatre.

Beurrez vos bouchées sur une petite bande et roulez-les rapidement dans le cumin.

Répétez l'opération avec les autres tranches.

Tartare de bœuf façon kefta

Pour **30 pièces** | Préparation **15 minutes**
Cuisson **5 minutes** | Niveau **très facile**

350 g de bœuf haché | 1 œuf | 1/2 bouquet de persil plat | 1/2 oignon rouge | 1 échalote | 8 cornichons | 4 cuil. à café de câpres | 1 cuil. à café de moutarde de Dijon | 3 cuil. à soupe de ketchup | 4 cuil. à soupe de chapelure | 1 cuil. à café de sauce Worcestershire | 1 filet d'huile pour les boulettes + 1 filet pour la cuisson | Sel, poivre

Réservez un peu de persil. Mixez tous les ingrédients de la recette jusqu'à l'obtention d'un mélange homogène. Réalisez, entre la paume de vos mains, 30 boulettes de 3 cm de diamètre.

Dans une poêle antiadhésive chaude, mettez l'huile et faites cuire les boulettes jusqu'à ce qu'elles soient bien colorées sur toute leur surface. Récupérez-les et épongez l'excédent de gras sur du papier absorbant.

Hachez le persil mis de côté, saupoudrez-en les boulettes et servez immédiatement.

À savoir | La kefta est une boulette de viande hachée nord-africaine agrémentée d'herbes, d'épices et qui est cuite. S'en inspirer en prenant comme base notre steak tartare national, c'est toute l'idée de cette recette.

Conseil | Si votre mélange vous semble trop souple, ajoutez alors un peu de chapelure ou de la semoule fine.

Variante | Il est possible de servir ces boulettes crues mais, dans ce cas, ne mettez pas de chapelure dans la préparation et n'utilisez que le jaune de l'œuf.

Toasts saucisson-cornichon

Pour **20 pièces**
Préparation **15 minutes**
Cuisson **5 minutes**
Niveau **très facile**

1 ficelle ou 1 flûte | 40 g de beurre, à température ambiante | 1 sachet de mini-saucissons Bâton de Berger
15 cornichons

Coupez 20 fines tranches de pain et mettez-les à dorer au four en position gril. Laissez refroidir les toasts avant de les tartiner généreusement de beurre.

Coupez les mini-saucissons légèrement en biseaux et les cornichons en fines rondelles. Mélangez l'ensemble dans un bol. Garnissez chaque toast d'une petite montagne de votre préparation en enfonçant les morceaux dans le beurre afin qu'ils tiennent.

Toasts fromage frais et radis

Pour **20 pièces**
Préparation **15 minutes**
Cuisson **5 minutes**
Niveau **très facile**

1 ficelle ou 1 flûte | 100 g de fromage frais type St Môret | 20 radis roses
Sel, poivre

Coupez 20 fines tranches de pain et mettez-les à dorer au four en position gril. Laissez refroidir vos toasts avant de les tartiner généreusement de fromage frais légèrement salé et poivré.

Lavez et ôtez la queue des radis, puis coupez-les en fines rondelles. Garnissez chaque toast d'une petite montagne de lamelles de radis en enfonçant les morceaux dans le fromage frais afin qu'ils tiennent.

Dips pour légumes crus

Pour **500 g** de tapenade | Préparation **5 minutes**
Niveau **très facile**

20 filets d'anchois | 250 g de grosses olives noires | 50 g de câpres
1/2 citron jaune | 15 cl d'huile d'olive

Passez les anchois, les olives et les câpres sous un filet d'eau afin d'éliminer l'excédent de sel et de saumure.

Réduisez en purée ces ingrédients au mixeur. Versez l'huile d'olive et le jus de citron, puis mixez à nouveau pour lier.

Pour **400 g** de rouille | Préparation **10 minutes**
Cuisson **20 minutes** | Niveau **facile**

1 pomme de terre | 2 gousses d'ail | 2 tranches de pain de mie blanc
10 cl de lait | 5 pistils de safran | 3 cuil. à soupe d'huile d'olive
Quelques gouttes de Tabasco | Sel

Faites cuire la pomme de terre à l'eau. Épluchez-la, puis écrasez-la à l'aide d'une fourchette. Hachez l'ail.

Faites tremper les tranches de pain de mie dans le lait. Récupérez le pain en le pressant entre vos doigts afin d'enlever l'excédent de lait.

Mettez la purée, le pain, le safran et l'ail dans le bol d'un mixeur. Mixez, liez avec l'huile d'olive. Assaisonnez avec le Tabasco et du sel.

À savoir | Idéalement, le mortier serait préférable au mixeur.

Boudin noir sur chips de pommes

Pour **20 pièces**
Préparation **5 minutes**
Cuisson **2 minutes**
Niveau **très facile**

200 g ou 20 cm de boudin noir
1 paquet de chips de pommes | 2 cuil. à soupe de moutarde à l'ancienne

Coupez le boudin en rondelles de 1 cm d'épaisseur. Faites revenir, à feu doux, les tranches recto verso dans une poêle antiadhésive. Manipulez avec précaution les rondelles.

Sélectionnez les 20 plus belles chips du paquet. Sur chacune d'entre elles, déposez un petit peu de moutarde à l'ancienne, puis 1 tranche de boudin. Servez immédiatement pour que les chips restent croquantes.

Variantes | Vous pouvez faire le même montage avec du boudin noir cru et/ou du boudin blanc.

Petits roulés rillettes-chips cornichons

Pour **40 pièces**
Préparation **25 minutes**
Niveau **facile**

10 tranches de pain de mie sans croûte
1 pot moyen de rillettes (porc ou poulet)
1 bocal de cornichons | 1 paquet de chips ondulées | 20 g de beurre, à température ambiante

Aplatissez 1 tranche de pain à l'aide d'un rouleau à pâtisserie. Étalez sur la mie une fine couche de rillettes. Choisissez 3 petits cornichons les plus droits possibles. Coupez les extrémités, puis positionnez-les à la queue leu-leu en haut du pain et roulez. Ôtez les extrémités et coupez en quatre. Procédez ainsi jusqu'à épuisement des ingrédients.

Écrasez les chips ondulées. Enduisez le pourtour de vos bouchées de beurre et roulez-les dans les miettes de chips. Servez immédiatement afin que les chips restent croustillantes.

Papillotes de camembert aux fruits d'automne

Pour **8 pièces** | Préparation **15 minutes**
Cuisson **5 minutes** | Niveau **très facile**

1 boîte de camembert en portions | 1 figue | 1 petite grappe de raisin noir
1 sachet de cerneaux de noix ou des noix fraîches | 20 cl (1 verre) de vin rouge
Miel | Sel, poivre

Matériel | Papier d'aluminium

Préchauffez le four à 180 °C (th. 6). Découpez 8 carrés de papier d'aluminium de 20 cm de côté. Coupez la figue en 8 parts (en quatre, puis chaque quartier en deux). Séparez les raisins de leur grappe. Si vous avez des noix fraîches à disposition, cassez-les et récupérez les cerneaux.

Déposez, au centre de chaque carré d'aluminium, 1 portion de camembert, 2 morceaux de figue, 2 ou 3 grains de raisin, 2 ou 3 cerneaux de noix, 1 cuil. à soupe de vin rouge, 1 trait de miel, du sel et du poivre. Remontez les bords et fermez hermétiquement les papillotes. Enfournez pendant 5 min.

Disposez les papillotes sur des petites assiettes et dégustez immédiatement. Attention de ne pas vous brûler.

Variante | Si vous trouvez du Carta Fata, ce papier transparent qui résiste à la cuisson à 230 °C, c'est idéal pour ces papillotes. Fermez-les avec 1 pince à linge en bois et faites-les cuire dans une poêle antiadhésive, ou bien sur une crêpière, une Pierrade ou un appareil à raclette, à poser directement sur la table pour cuire les papillotes sous les yeux des invités.

Papillotes façon tartiflette

Pour **8 pièces** | Préparation **15 minutes**
Cuisson **5 minutes** | Niveau **facile**

16 pommes de terre grenaille | 8 tranches de viande des Grisons | 1 botte d'oignons nouveaux | 8 tranches de fromage pour raclette | 20 cl (1 verre) de vin blanc | Sel, poivre

Matériel | Papier d'aluminium

Préchauffez le four à 180 °C (th. 6). Découpez 8 carrés de papier d'aluminium de 20 cm de côté. Nettoyez et faites cuire les grenailles dans de l'eau salée. Vérifiez la cuisson à l'aide de la pointe d'un couteau. Coupez la viande des Grisons en lanières. Enlevez la première peau des oignons.

Déposez au centre de chaque carré d'aluminium 2 pommes de terre, 1 oignon coupé en deux, 1 tranche de fromage, des lanières de viande des Grisons, 1 cuil. à soupe de vin blanc, du sel et du poivre. Remontez les bords et fermez hermétiquement les papillotes. Enfournez pendant 5 min.

Disposez les papillotes sur des petites assiettes et dégustez directement. Attention de ne pas vous brûler.

Variante | Si vous trouvez du Carta Fata, ce papier transparent qui résiste à la cuisson à 230 °C, c'est idéal pour ces papillotes. Fermez-les avec 1 pince à linge en bois et faites-les cuire dans une poêle antiadhésive, ou bien sur une crêpière, une Pierrade ou un appareil à raclette, à poser directement sur la table pour cuire les papillotes sous les yeux des invités.

Grenailles en robe de poitrine fumée, sauce à la ciboulette

Pour **20 pièces** | Préparation **15 minutes**
Cuisson **20 minutes** | Niveau **facile**

20 pommes de terre grenaille | 1 gousse d'ail | 1 feuille de laurier | 10 fines tranches de poitrine fumée | 1/2 botte de ciboulette | 4 cuil. à soupe de crème fraîche | 1 noix de beurre | Huile | Sel, poivre

Matériel | 20 cure-dents

Nettoyez les grenailles. Mettez-les dans une casserole remplie d'eau froide avec l'ail, le laurier, du sel et mettez sur le feu pendant 20 min. Vérifiez la cuisson avec la pointe d'un couteau. Égouttez les pommes de terre et laissez-les refroidir.

Faites cuire rapidement les tranches de poitrine fumée soit au four soit à la poêle, le but étant qu'elles restent souples. Coupez les tranches de poitrine en deux dans le sens de la longueur.

Faites dorer les pommes de terre à la poêle dans un peu de beurre et d'huile. Enlevez l'excédent de gras en les déposant sur du papier absorbant.

Entourez chaque grenaille d'une bande de poitrine en la maintenant à l'aide d'un cure-dents. Coupez les brins de ciboulette et ajoutez-les à la crème fraîche ; salez-la et poivrez-la.

Servez les grenailles en robe de poitrine fumée accompagnées de leur sauce.

Conseil | Le « diable » est un récipient de cuisson en terre cuite très courant en Charente. Si vous en possédez un, faites cuire les grenailles dedans : bien que la cuisson soit plus longue, le résultat n'en sera que meilleur.

Toasts andouille de Guéméné, confit d'oignons

Pour **20 pièces**
Préparation **15 minutes**
Cuisson **5 minutes**
Niveau **très facile**

1 ficelle ou 1 flûte | 20 tranches d'andouille de Guéméné | 40 g de beurre, à température ambiante
1 bocal de confit d'oignons

Coupez 20 fines tranches de ficelle et faites-les griller au four. Laissez refroidir les toasts avant de les tartiner de beurre.

Déstructurez les tranches d'andouille afin de ne plus avoir que des filaments. Garnissez chaque toast d'une petite montagne de spaghettis d'andouille. Déposez au sommet un peu de confit d'oignons.

Toasts oignon rouge et anchois frais

Pour **20 pièces**
Préparation **15 minutes**
Cuisson **10 minutes**
Niveau **très facile**

1 ficelle ou 1 flûte | 1 gros oignon rouge
40 anchois frais marinés au naturel
40 g de beurre, à température ambiante
Sel, poivre

Coupez 20 fines tranches de ficelle et faites-les griller au four. Laissez refroidir les toasts avant de les tartiner de beurre.

Ôtez la première peau de l'oignon et coupez-le en lamelles aussi fines que possible. Poêlez l'oignon dans un peu de beurre et avec du sel jusqu'à ce que les lamelles soient translucides et totalement souples. Garnissez chaque toast d'une petite montagne d'oignon et déposez 2 filets d'anchois.

Conseil | N'utilisez pas d'anchois en conserve ou en bocal, ils seraient trop salés.

Carpaccio d'artichauts poivrade au chèvre sec

Pour **5 pièces** | Préparation **20 minutes**
Marinade **quelques heures** | Niveau **difficile**

1/2 citron vert | 1 botte d'artichauts poivrade | 2 oignons nouveaux entiers (avec leur tige) | 1 petit chèvre bien sec | Quelques olives niçoises | 5 cuil. à soupe d'huile d'olive | Sel, poivre

Pressez le demi-citron vert dans un grand bol. Cassez la tige d'un artichaut poivrade, puis ôtez les premières couches de feuilles jusqu'à atteindre les plus tendres. Coupez le premier tiers en partant de la base de l'artichaut. À l'aide d'un petit couteau, enlevez les parties vertes et dures de la base. Coupez l'artichaut en très fines tranches et mettez-les immédiatement dans le bol avec le jus de citron vert qui l'empêchera de noircir. Répétez ces opérations pour chacun des artichauts.

Séparez les oignons nouveaux de leur tige. (Cette partie s'appelle la cive, elle est très proche en goût de la ciboulette et servira d'herbe aromatique pour cette recette.) Coupez les oignons en fines tranches et la cive en petites sections. Ajoutez l'ensemble dans le bol avec l'huile d'olive, le sel et le poivre. Laissez mariner quelques heures.

Faites des copeaux de chèvre sec à l'aide d'un couteau ou d'un économe. Servez dans des verrines ou des tasses à café en décorant de chèvre sec et de quelques olives niçoises.

Variantes | À défaut d'olives niçoises, décorez de petits morceaux d'olives noires.

Toasts poulet, fromage frais et courgette

Pour **20 pièces**
Préparation **20 minutes**
Cuisson **20 minutes**
Niveau **facile**

1 ficelle ou flûte | 85 g de fromage frais, ail et fines herbes | 300 g de blanc de poulet | 1 courgette | 2 cuil. à soupe d'huile d'olive | Ketchup | Sel, poivre

Matériel | 1 peigne (idéalement en métal)

Coupez 20 fines tranches de ficelle et faites-les griller au four. Laissez refroidir puis tartinez de fromage frais.

Faites cuire les blancs de poulet à la poêle avec un peu d'huile. Coupez 20 rondelles épaisses de courgette et dorez-les recto verso dans une poêle avec un peu d'huile.

Grattez, à l'aide du peigne et dans le sens des fibres, les blancs de poulet pour obtenir des filaments. Garnissez chaque toast d'une rondelle de courgette, de filaments de poulet et d'une goutte de ketchup.

Cuillères fromage de brebis, confiture de cerises noires

Pour **16 pièces**
Préparation **10 minutes**
Niveau **très facile**

220 g d'ossau-iraty | 1 petit pot de confiture de cerises noires

Matériel | 16 cuillères chinoises
1 micro-râpe (ou la râpe la plus fine possible)

Râpez le fromage de brebis.

Au fond de chaque cuillère, déposez 1 cerise noire et recouvrez-la d'une petite montagne d'ossau-iraty râpé.

À savoir | Cette pièce reprend le principe de la barbe-à-papa, le fromage s'effondrera en bouche en exhalant toutes ses saveurs grâce à l'air contenu dans la cuillère.

Chamallows à la mimolette

Pour **50 pièces** | Préparation **20 minutes**
Cuisson **3 minutes** | Repos **30 minutes à 1 heure**
Prise de la gelée **4 heures** | Niveau **difficile**

160 g de mimolette extra-vieille | 40 cl de lait entier | 3 g d'agar-agar
3 feuilles de gélatine | 2 blancs d'œufs | Sel, poivre

Matériel | 1 plat à gratin de 20 × 32 cm | Film alimentaire

Râpez la mimolette. Faites chauffer le lait avec 80 g de mimolette et l'agar-agar. Laissez bouillir 1 min.

Passez le lait aromatisé au travers d'une passoire fine et laissez le liquide refroidir. Lorsque vous pouvez le toucher sans vous brûler, ajoutez les feuilles de gélatine préalablement trempées quelques minutes dans de l'eau froide. Poivrez à votre goût. Laissez reposer jusqu'à ce que le mélange commence à prendre.

Montez les blancs en neige avec un peu de sel et incorporez-les immédiatement à l'aide d'un fouet au lait au fromage. (Ne vous inquiétez pas si vous cassez les blancs avec le fouet, il restera tout de même des bulles d'air dans la préparation.)

Tapissez le plat à gratin de film étirable en le laissant dépasser au-delà des bords, versez la mousse et laissez prendre au réfrigérateur 4 h. Lorsque la préparation est bien ferme, retournez le plat en tirant sur le film afin qu'elle se décolle du plat. Découpez des cubes et roulez-les dans le reste de mimolette râpée.

À savoir | La mimolette est en fait un fromage originaire du nord de la France où on l'appelle « boule de Lille ».

Lamelles d'asperges vertes grillées, sauce à l'œuf

Pour **5 pièces** | Préparation **15 minutes**
Cuisson **15 minutes** | Niveau **facile**

1 botte d'asperges vertes (400 g) | 2 fines tranches de poitrine fumée
1 jaune d'œuf | 5 cl de crème liquide entière | 3 cuil. à soupe d'huile d'olive
Sel, poivre

Matériel | 1 plaque en fonte

Cassez les asperges pour ne garder que la partie tendre. À l'aide d'un économe ou d'un ustensile pour faire des copeaux de fromage, taillez de fines lamelles d'asperges. Placez-les dans une assiette creuse. Salez et poivrez. Versez l'huile d'olive et mélangez bien afin que les asperges soient enduites de gras.

Faites chauffer à feu vif la plaque en fonte. Lorsque celle-ci commence à fumer, placez une petite quantité de lamelles d'asperges et marquez-les rapidement. Répétez l'opération avec le reste des lamelles. Les asperges doivent avoir les marques marron foncé de la plaque mais être encore un peu croquantes. Placez les lamelles cuites dans une assiette et couvrez de papier d'aluminium.

Faites griller les tranches de poitrine fumée au four. Déposez la poitrine sur du papier absorbant afin d'éliminer l'excédent de gras. Laissez sécher quelques minutes afin qu'elles deviennent cassantes. Réduisez-les alors en miettes.

Dans une casserole, faites chauffer à feu très doux le jaune d'œuf et la crème liquide. Répartissez les asperges sur 5 sous-tasses à café, déposez quelques miettes de poitrine et nappez de sauce à l'œuf.

Crème de lentille verte du Puy, chips de jambon de Bayonne

Pour **10 pièces** | Préparation **15 minutes**
Cuisson **30 minutes** | Niveau **facile**

250 g de lentilles vertes du Puy | 4 tranches de jambon de Bayonne | 1 petit oignon | 1 carotte | 1 feuille de laurier | 1/2 cube de bouillon de volaille
20 cl de crème liquide entière

Épluchez l'oignon et la carotte. Coupez cette dernière en fines rondelles et l'oignon en petits cubes. Mettez les lentilles dans une casserole avec l'oignon, la carotte, le laurier, le bouillon de volaille et versez sur l'ensemble 3 fois le volume des lentilles en eau. Ne salez surtout pas, les lentilles resteraient dures. Mettez sur le feu et, lorsque l'eau bout, poursuivez la cuisson 20 min à petits bouillons.

Préchauffez le four à 180 °C (th. 6). Déposez, bien à plat, les tranches de jambon l'une à côté de l'autre sur une plaque. Enfournez pendant 5 min. Sortez la plaque et laissez refroidir.

Égouttez les lentilles en gardant l'eau de cuisson. Ôtez la feuille de laurier, puis mixez les lentilles au blender avec la crème liquide. Salez et poivrez la préparation, ajoutez un peu d'eau de cuisson, puis mixez de nouveau. Ajoutez de l'eau de cuisson jusqu'à ce que votre crème ne soit ni trop compacte, ni trop liquide.

Cassez les chips de jambon en gros morceaux. Versez la crème dans les verres et ajoutez 1 morceau de jambon au dernier moment afin que celui-ci ne ramollisse pas. Servez immédiatement.

Pain perdu façon croque-monsieur

Pour **12 pièces**
Préparation **15 minutes**
Cuisson **10 minutes**
Niveau **facile**

4 œufs | 15 cl de lait | 6 tranches de pain de mie sec | 3 tranches de jambon de Paris | 100 g de comté | 15 g de beurre | Sel, poivre

Matériel | 12 cure-dents

Dans une assiette à soupe, cassez les œufs, versez le lait, salez, poivrez et mélangez l'ensemble. Faites tremper les tranches de pain quelques minutes dans la préparation afin de les réhydrater.

Dans une poêle antiadhésive, faites dorer, à feu moyen, les tranches de pain recto verso dans un peu de beurre. Poêlez également les tranches de jambon avec un peu de matière grasse. Placez chaque tranche de jambon entre 2 tranches de pain. Râpez le comté.

Recouvrez les 3 sandwichs de fromage et placez 2 min sous le gril du four. Enlevez les bordures, coupez en quatre et piquez chaque morceau avec un cure-dents.

Moules marinière au magret de canard

Pour **60 moules**
Préparation **10 minutes**
Cuisson **5 minutes**
Niveau **facile**

1/2 litre de moules | 1 échalote | 5 cl de vin blanc sec | 45 g de magret fumé Quelques brins de persil | Huile | Poivre

Nettoyez les moules et éliminez celles qui sont ouvertes. Coupez en petits dés l'échalote. Dans une sauteuse, faites revenir l'échalote dans un peu d'huile. Lorsqu'elle est translucide, versez le vin et attendez 1 min que l'alcool s'évapore. Ajoutez les moules, poivrez, couvrez et faites cuire 1 à 2 min.

Coupez le magret et le persil finement. Lorsque toutes les moules sont ouvertes, ajoutez le magret, puis mélangez. Mettez la préparation dans un bol, décorez de persil et servez immédiatement.

Mini-farcis niçois

Pour **18 pièces** | Préparation **25 minutes**
Cuisson **20 minutes** | Niveau **facile**

400 g de farce (pour légumes à farcir) | 6 mini-courgettes rondes | 6 petites tomates de la taille des mini-courgettes | 3 mini-aubergines | 4 cuil. à soupe de chapelure | 4 cuil. à soupe d'huile d'olive

Préchauffez le four à 180 °C (th. 6). Nettoyez tous les légumes. Coupez les sommets des courgettes et des tomates afin d'avoir des chapeaux pour les farcis ; coupez les bases si les légumes ne tiennent pas parfaitement débout. Coupez les aubergines en deux dans le sens de la longueur.

À l'aide d'une cuillère à pomme parisienne, creusez la chair des légumes en faisant attention de ne pas abîmer la peau.

Garnissez les légumes de farce, puis déposez-les dans un plat à gratin. Sur le sommet de la farce, déposez un peu de chapelure, couvrez avec les chapeaux, puis arrosez d'un filet d'huile d'olive. Enfournez pour 20 min de cuisson.

Laissez les farcis refroidir un peu avant de les servir sur des assiettes de la taille d'une sous-tasse à café.

Conseils | Si vous ne possédez pas de cuillère à pomme parisienne, utilisez une cuillère à moka.
Ces mini-farcis sont aussi bons tièdes que froids, vous pouvez donc les préparer à l'avance. Ils peuvent aussi être réchauffés 5 min au four.

Carpaccio de saint-jacques, quenelle de glace au citron vert et zestes de citron

Pour **10 pièces** | Préparation **20 minutes** | Niveau **facile**

10 saint-jacques | 1 citron vert non traité | 1 petit pot de glace au citron vert
Huile d'olive | Fleur de sel, poivre

Préparez les saint-jacques. Enlevez la partie supérieure de la coquille en passant un couteau à plat le long de celle-ci. Enlevez avec les doigts les barbes et le corail en faisant attention de ne pas abîmer la noix. À l'aide d'une cuillère à soupe, détachez la noix de la coquille inférieure. Ôtez enfin le muscle qui se trouve sur un côté de la noix, puis plongez-la quelques minutes dans de l'eau froide avec des glaçons afin de raffermir sa chair, ce qui facilitera la découpe. Épongez la saint-jacques sur du papier absorbant et découpez-la en lamelles à l'aide d'un couteau à lame fine.

Disposez les morceaux de saint-jacques en rosace sur 10 sous-tasses à café par exemple. Arrosez d'un filet d'huile d'olive, ajoutez un peu de fleur de sel et de poivre. Prélevez le zeste du citron avec une micro-râpe ou un zesteur.

À l'aide de deux cuillères à moka, réalisez 10 quenelles de glace et déposez-les au fur et à mesure au centre des carpaccios de saint-jacques ; parsemez de quelques zestes de citron. Servez au fur et à mesure et dégustez immédiatement car la glace ne sait pas attendre.

Conseils | L'intitulé de cette recette peut sembler surprenant mais le résultat bluffera vos invités. En effet, la saint-jacques a naturellement un petit goût sucré qui sera magnifié par cette association avec la glace et le zeste de citron vert. Il est important d'utiliser des saint-jacques fraîches et donc en coquille.

Haricots coco à la chair de crabe et piment d'Espelette

Pour **12 parts** | Trempage **12 heures** | Préparation **45 minutes**
Cuisson **1 heure 10 minutes** (haricots) + **20 minutes** (crabe)
Réfrigération **1 heure** | Niveau **difficile**

2 tourteaux de 700 à 800 g chacun | 250 g de haricots coco secs | 1 oignon
1 carotte | 2 bouquets garnis | 8 cuil. à soupe d'huile d'olive | 1 cuil. à café de piment d'Espelette | 1 cuil. à café de thym | 3 citrons verts | Sel

La veille, faites tremper les haricots secs dans un grand volume d'eau afin de les réhydrater.

Le jour même, pelez l'oignon et la carotte. Coupez l'oignon en deux et la carotte en grosses rondelles. Égouttez les haricots. Dans un faitout, mettez les haricots avec la moitié de l'oignon et de la carotte, 1 bouquet garni et 3 fois le volume en eau. Faites cuire 1 h 10.

Dans une cocotte, faites bouillir un grand volume d'eau avec le reste de carotte et d'oignon et le bouquet garni restant. Lorsque l'eau bout, plongez les crabes pour 15 à 20 min de cuisson. Égouttez et laissez refroidir. À l'aide d'un casse-noix et d'un marteau, récupérez toute la chair. (C'est un peu long mais le résultat en vaudra la peine.)

Vérifiez la cuisson des haricots, égouttez-les, puis mettez-les dans un grand saladier. Ajoutez la chair de crabe, l'huile d'olive, le piment d'Espelette, du sel et le thym. Mélangez bien.

Garnissez 12 verres de cette préparation. Placez-les 1 h au réfrigérateur.

Coupez chaque citron en 8 demi-quartiers. Servez bien froid avec les quartiers de citron à presser au moment de la dégustation.

Œufs de caille à la truffe noire

Pour **18 pièces**
Repos **24 heures**
Préparation **10 minutes**
Cuisson **4 minutes**
Niveau **facile**

1 boîte d'œufs de caille | 1 petite truffe fraîche | Sel, poivre

Matériel | 1 perforatrice

La veille, enfermez les œufs avec la truffe dans une boîte hermétique.

Le jour même, faites bouillir de l'eau salée. Plongez-y les œufs 4 min exactement. Rafraîchissez-les sous l'eau froide. Ôtez la coquille.

Coupez de fines tranches de truffe et, à l'aide de la perforatrice, réalisez des confettis. Coupez la base de chaque œuf afin que celui-ci tienne debout et positionnez au sommet 1 confetti de truffe. Poivrez.

À savoir | L'œuf a la particularité de capter les odeurs alors, lorsqu'il s'agit de celle de la truffe, on entre dans le grandiose !

Œufs de caille mimosa

Pour **18 pièces**
Préparation **15 minutes**
Cuisson **8 minutes**
Niveau **facile**

1 boîte d'œufs de caille | 2 cuil. à soupe de mayonnaise | Quelques brins de persil | Sel, poivre

Matériel | 1 poche à douille (ou 1 sac congélation)

Faites bouillir de l'eau salée. Plongez-y les œufs 8 min. Rafraîchissez-les sous l'eau froide. Fragilisez la coquille en roulant chaque œuf entre votre paume et votre plan de travail. Ôtez la coquille.

Coupez les œufs en deux et placez dans un bol tous les jaunes. Émincez un peu de persil. Ajoutez aux jaunes le persil, la mayonnaise et mélangez.

À l'aide de la poche à douille, remplissez chaque moitié de blanc de préparation. Poivrez.

Glaçons de gelée de ratatouille

Pour **75 pièces** | Préparation **30 minutes**
Cuisson **20 minutes** | Prise en gelée **4 heures**
Niveau **difficile**

1/2 aubergine | 1 poivron vert | 1 courgette | 1/2 oignon | 2 tomates | 1/2 gousse d'ail | 2 cuil. à café d'herbes de Provence | 1/2 cube de bouillon de volaille | 4 feuilles de gélatine | 3 cuil. à soupe d'huile d'olive | Sel, poivre

Matériel | Bacs à glaçons

Nettoyez sous l'eau tous les légumes. Coupez-les ensuite en petits cubes. (C'est certainement la partie la plus fastidieuse de cette recette mais il est important que les cubes soient les plus petits possibles.)

Hachez l'ail. Faites cuire dans une poêle chaude chaque légume séparément avec un peu d'huile d'olive, d'ail, de sel et de poivre. Dans un grand bol, mélangez les cubes de légumes avec les herbes de Provence et rectifiez l'assaisonnement.

Faites bouillir 50 cl d'eau pour y dissoudre le cube de bouillon de volaille. Trempez les feuilles de gélatine 5 min dans de l'eau froide, puis ajoutez-les au bouillon tiède.

Remplissez aux deux tiers chaque alvéole des bacs à glaçons avec les cubes de légumes sans les tasser. Ajoutez ensuite un peu de bouillon. À l'aide du manche d'une petite cuillère, mélangez afin d'évacuer la moindre bulle d'air. Finissez de remplir les alvéoles avec le bouillon. Mettez au réfrigérateur afin que la gelée prenne.

Pour démouler les glaçons de ratatouille, faites tremper les bacs quelques secondes dans de l'eau chaude, puis retournez-les sur un plat de présentation. (Si certains résistent, pincez légèrement l'alvéole et refaites tremper le bac dans de l'eau chaude.)

Seiche en croûte de graines de moutarde

Pour **40 pièces**
Congélation **12 heures**
Préparation **15 minutes**
Cuisson **25 minutes environ**
Niveau **facile**

600 g de blanc de seiche | 8 cuil. à soupe de graines de moutarde | 1 l d'huile de friture | Mayonnaise | Sel

Coupez le blanc de seiche en deux, emballez dans du film alimentaire et congelez 12 h afin de l'attendrir.

Faites bouillir un grand volume d'eau, plongez-y la seiche et faites cuire 20 min.

Écrasez les graines de moutarde. Égouttez la seiche. Faites chauffer l'huile. Appliquez les graines de moutarde sur les morceaux de seiche et plongez-les dans l'huile chaude (180 °C) pendant 4 min.

Déposez-les sur du papier absorbant. Coupez-les en lanières de 1 cm. Servez avec la mayonnaise.

Escargots au beurre de noix

Pour **24 pièces**
Préparation **15 minutes**
Cuisson **5 minutes**
Niveau **facile**

24 coquilles vides | 80 g d'escargots cuits | 120 g de beurre, à température ambiante | 100 g de cerneaux de noix 1/2 botte de persil | 200 g de gros sel Sel, poivre

Matériel | Des cure-dents

Préchauffez le four à 180 °C (th. 6). Coupez grossièrement le persil. Mixez les cerneaux de noix avec le persil, puis ajoutez le beurre, du sel, du poivre et mixez de nouveau.

Disposez 1 noix de beurre au fond de chaque coquille, ajoutez 1 escargot, puis recouvrez de beurre.

Sur une plaque allant au four, faites 24 petits tas de gros sel. Déposez sur chaque tas 1 coquille, l'ouverture vers le haut. Enfournez la plaque 5 min. Servez avec des cure-dents.

Accordéons de crêpes aux radis roses

Pour **20 pièces** | Préparation **15 minutes**
Cuisson **15 minutes** | Niveau **facile**

80 g de farine | 1 œuf | 15 cl de lait | 12 petits radis | 10 g de beurre
Sel, poivre

Matériel | 20 piques à brochettes en bois

Versez la farine dans un grand saladier et creusez un puits. Mettez-y l'œuf entier, du sel et du poivre. À l'aide d'un fouet, battez l'œuf avec l'assaisonnement. Versez le lait en filet en incorporant petit à petit la farine au mélange initial. Éliminez l'ensemble des grumeaux.

Dans une casserole, faites chauffer le beurre afin de le rendre noisette, c'est-à-dire brun avec une odeur de caramel. Lorsque la pâte est lisse, ajoutez le beurre et mélangez une dernière fois.

Rincez les radis à l'eau, puis coupez-les en fines rondelles ; incorporez-les à la pâte.

Faites chauffer à feu moyen une poêle à crêpes ou une poêle antiadhésive. Versez-y la pâte avec une louche, étalez-la en inclinant la poêle et faites cuire recto verso. Attention : la crêpe doit rester souple afin d'être pliée.

Coupez des bandes d'à peu près 3,5 cm de large. Pliez les bandes en accordéon et piquez-les avec les brochettes en bois. Dépliez les accordéons sur les brochettes.

Conseils | Le beurre est noisette lorsqu'il ne grésille plus dans la casserole. Attention, le stade suivant, c'est le beurre noir toxique. N'hésitez pas à servir ensemble les deux recettes d'accordéons (voir recette suivante).

Accordéons de crêpes façon socca

Pour **20 pièces** | Préparation **15 minutes**
Cuisson **15 minutes** | Niveau **facile**

80 g de farine de pois chiches (dans les magasins bio ou certains hypermarchés)
1 œuf | 15 cl d'eau | 3 cuil. à soupe d'huile d'olive | 50 g d'olives vertes dénoyautées | Sel, poivre

Matériel | 20 piques à brochettes en bois

Versez la farine dans un grand saladier et creusez un puits. Mettez-y l'œuf entier, du sel et du poivre. À l'aide d'un fouet, battez l'œuf avec l'assaisonnement. Versez l'eau en filet en incorporant petit à petit la farine au mélange initial. Éliminez l'ensemble des grumeaux. Lorsque la pâte est lisse, ajoutez l'huile d'olive et mélangez une dernière fois.

Rincez à l'eau les olives, puis coupez-les en fines rondelles et incorporez-les à la pâte. Faites chauffer à feu moyen une poêle à crêpes ou une poêle antiadhésive. Versez-y la pâte avec une louche, étalez-la en inclinant la poêle et faites cuire recto verso. Attention : la crêpe doit rester souple afin d'être pliée.

Coupez des bandes d'à peu près 3,5 cm de large. Pliez les bandes en accordéon et piquez-les avec les brochettes en bois. Dépliez les accordéons sur les brochettes.

Conseils | La socca est l'une des recettes emblématique de Nice, c'est aussi l'une de mes madeleines de Proust. Je la revisite ici en y incorporant des olives, un autre produit typique de cette ville.
Pour présenter vos brochettes, remplissez un verre haut de grains de riz et plantez les piques dedans.

Toasts amandes et fèves

Pour **25 pièces**
Préparation **25 minutes**
Cuisson **10 minutes environ**
Niveau **facile**

1 ficelle ou 1 flûte | 40 g de beurre, à température ambiante | 200 g de fèves entières surgelées (ou des fèves fraîches en saison) | 40 g d'amandes effilées
2 cuil. à soupe d'huile de noix | Sel, poivre

Coupez 25 fines tranches de ficelle et faites-les dorer au four en position gril. Laissez refroidir les toasts avant de les tartiner de beurre.

Plongez les fèves dans de l'eau bouillante. À la reprise de l'ébullition, arrêtez la cuisson. Ôtez la petite peau des fèves.

Dans un grand bol, mélangez les fèves avec les amandes, l'huile, du sel et du poivre. Garnissez chaque toast d'une petite montagne de préparation.

Boudin blanc aux morilles

Pour **12 pièces**
Préparation **10 minutes**
Cuisson **5 minutes**
Niveau **très facile**

1 boudin blanc | 5 g de morilles séchées
2 cuil. à soupe de crème fraîche | 1 brin d'estragon | 1 noix de beurre | Sel, poivre

Coupez le boudin en rondelles épaisses. Faites tremper les morilles dans de l'eau tiède afin de les réhydrater. Faites dorer à feu moyen les rondelles de boudin recto verso.

Égouttez les morilles, coupez chaque champignon en deux, puis passez-les sous un filet d'eau afin d'éliminer la terre qui resterait. Séchez-les sur du papier absorbant.

Faites revenir vos morilles dans la poêle chaude avec un peu de beurre, du sel, du poivre et 2 cuil. à soupe de crème fraîche. Déposez sur chaque rondelle de boudin quelques morceaux de morille et surmontez d'une feuille d'estragon.

Foie gras en croûte de pain d'épice

Pour **20 pièces** environ | Préparation **20 minutes**
Cuisson **15 minutes** | Réfrigération **1 heure**
Niveau **facile**

150 g de foie gras surgelé en éclats | 4 tranches de pain d'épice | 25 cl de vin rouge | 6 grains de poivre | 2 cuil. à soupe de sucre | 1 cuil. à café de quatre-épices | Sel

Dans une casserole, faites chauffer le vin rouge avec les grains de poivre, le sucre et les épices. Lorsque le liquide bout, flambez pour éliminer l'alcool ou poursuivez la cuisson jusqu'à ce que les vapeurs ne vous piquent plus le nez, signe que l'alcool s'est totalement évaporé.

Coupez le feu et plongez les éclats de foie gras 5 min dans le vin. Égouttez-les, puis placez-les au réfrigérateur le temps de préparer la suite.

Préchauffez le four à 180 °C (th. 6). Posez les tranches de pain d'épice sur une plaque et enfournez-les 5 à 7 min en les retournant à mi-cuisson. Sortez la plaque du four et laissez refroidir.

Cassez les tranches de pain d'épice en gros morceaux et mixez-les afin d'en faire une chapelure fine. Sortez les éclats de foie gras du réfrigérateur, salez-les, puis roulez-les dans la chapelure de pain d'épice.

Avant dégustation, placez le foie gras pané au frais pendant 1 h au moins afin qu'il ne soit ni trop dur, ni trop mou.

Conseils | Si vous faites flamber le vin, ne laissez pas la casserole sous la hotte de votre cuisinière.
Ne vous inquiétez pas si le pain d'épice est encore mou lorsque vous le sortez du four. Au bout de quelques minutes, il deviendra dur et cassant.

Tempura de choucroute

Pour **30 pièces environ**
Préparation **20 minutes**
Cuisson **5 minutes environ**
Niveau **difficile**

4 saucisses type knacks | 500 g de choucroute cuite | 200 g de farine de riz | 30 à 35 cl d'eau gazeuse glacée
Huile de friture | Moutarde de Dijon
Moutarde à l'ancienne

Faites cuire 2 min les knacks dans de l'eau bouillante. Égouttez-les, puis coupez-les en sections de 1,5 cm.

Entourez chaque morceau de saucisse d'un peu de choucroute et roulez-le entre vos paumes afin d'en faire une petite boule.

Faites chauffer l'huile à 180 °C. Mélangez bien la farine et l'eau. À l'aide d'une fourchette, enrobez vos boulettes de pâte à tempura, puis plongez-les dans le bain de friture. Lorsque la croûte est bien dorée, déposez vos boulettes sur du papier absorbant. Servez avec les moutardes.

Beignets de cuisses de grenouille

Pour **20 pièces environ**
Préparation **20 minutes**
Cuisson **5 à 6 minutes**
Niveau **difficile**

10 paires de cuisses de grenouille fraîches
50 g de farine | 2 œufs | 75 g de chapelure | 1/2 bouquet de persil
2 gousses d'ail | 10 cl d'huile de friture
Sel, poivre

Avec un couteau, séparez les paires de cuisses de grenouille, détachez chaque cuisse de la colonne vertébrale, puis coupez les pieds. Mettez dans un premier bol la farine, dans un deuxième les œufs battus et dans un troisième la chapelure avec le persil coupé finement.

Salez et poivrez les cuisses, puis trempez-les dans la farine, les œufs et la chapelure. Faites chauffer l'huile avec l'ail en chemise puis faites dorer les cuisses. Déposez-les sur du papier absorbant. Servez dans un petit bol.

Acras de morue

Pour **50 pièces** | Dessalage de la morue **24 heures**
Préparation **45 minutes** | Cuisson **20 minutes environ**
Réfrigération **1 heure** | Niveau **difficile**

500 g de morue | 2 feuilles de laurier | 2 gousses d'ail | 5 échalotes
1/2 botte de persil plat | 1 cuil. à café de thym | 250 g de farine | 1 œuf
10 gouttes de Tabasco | Huile de friture | Sel, poivre

Dessalez la morue pendant 24 h en la faisant tremper dans un grand volume d'eau à renouveler plusieurs fois.

Faites cuire la morue à l'eau avec le laurier. Lorsque l'eau bout, baissez le feu et poursuivez la cuisson 15 min. Laissez la morue refroidir dans son eau de cuisson. Égouttez-la, puis écrasez-la avec une fourchette le plus finement possible en prenant soin d'enlever les arêtes.

Coupez grossièrement les gousses d'ail, les échalotes et le persil, puis écrasez l'ensemble au mortier afin d'en faire une purée. Incorporez cette préparation à votre émietté de morue.

Dans un grand saladier, mettez la farine et creusez un puits au centre ; cassez l'œuf dedans. Mélangez à partir du centre en versant de l'eau et le Tabasco. Battez jusqu'à ce que la pâte soit bien lisse et ajoutez-la à la morue.

Mélangez bien l'ensemble afin que la préparation soit homogène. Laissez reposer au moins 1 h au réfrigérateur.

Faites chauffer l'huile de friture à 180 °C. Prenez un peu de pâte et faites-la tomber dans le bain de friture. Faites cuire jusqu'à ce que l'acra soit bien doré, puis égouttez-le sur du papier absorbant et assaisonnez. Renouvelez l'opération avec le reste de la pâte. Servez chaud.

Lollipops de concombre au chèvre frais

Pour **30 pièces environ**
Préparation **25 minutes**
Niveau **difficile**

2 concombres | 200 g de chèvre frais | 1 bouquet de ciboulette | 1 petite cuil. à café de piment d'Espelette

Matériel | 30 piques à brochettes en bois

Coupez finement le bouquet de ciboulette et incorporez-le avec le piment d'Espelette au chèvre frais.

Coupez des tronçons de concombre de 10 cm et, à l'aide d'un vide-pomme, ôtez l'ensemble des graines.

Farcissez les tronçons de concombre évidés avec le chèvre frais en tassant bien. Coupez des tranches de 1,5 cm avec un couteau à lame fine. Transpercez chaque rondelle avec une pique en bois.

Variante | Pour une note sucrée-salée, vous pouvez arroser chaque lollipop d'un filet de miel.

Huîtres à la salade de fruits

Pour **24 pièces**
Préparation **20 minutes**
Niveau **difficile**

24 huîtres fines de claires n° 3 | 2 fruits de la Passion | 1/2 grenade | 1/2 pomme Granny-Smith | 4 citrons verts

Ouvrez les huîtres et ôtez la première eau.

Coupez les fruits de la Passion en deux et, avec une cuillère, récupérez les graines. Tapez à l'aide d'une cuillère à soupe sur la peau dure de la grenade pour faire tomber les graines.

Coupez la moitié de pomme en très petits dés. Dans un bol, mélangez tous les fruits. Ôtez la deuxième eau des huîtres. Disposez-les dans un grand plat de service. Déposez un peu de salade de fruits sur chaque huître.

Servez avec des quartiers de citron et citronnez juste avant de déguster.

Anouk Grumbach remercie :
Society tissus, 01 42 60 80 72
Rubelli tissus, 01 56 81 20 20
Elitis papier peint, 01 45 51 51 00

Pour l'éditeur, le principe est d'utiliser des papiers composés de fibres naturelles, renouvelables, recyclables et fabriquées à partir de bois issus de forêts qui adoptent un système d'aménagement durable. En outre, l'éditeur attend de ses fournisseurs de papier qu'ils s'inscrivent dans une démarche de certification environnementale reconnue.

Direction : Jean-François Moruzzi
Direction éditoriale : Pierre-Jean Furet
Édition : Anne Vallet
Conception intérieure et couverture : Patrice Renard
Réalisation intérieure : MCP
Corrections : Marie-Charlotte Buch-Müller
Fabrication : Amélie Latsch

Responsable partenariats : Sophie Morier au 01 43 92 36 82

Dépôt légal : mars 2010
23-03-7989-01-9
ISBN : 978-2-0123-7989-3
Impression : Graficás Estella, Espagne.